JN409448

찻물을 끓이면서

찻물을 끓이면서

초판 인쇄 2012년 7월 25일
초판 발행 2012년 7월 31일

지은이 임연혁
펴낸이 임수홍
편집디자인 김영미
표지디자인 맹신형
발행처 : 도서출판 국보
주소 : 서울시 강동구 길동 395-3 2층
전화 : (02) 476-2757~8, 7260
FAX : (02) 476-2759
카페 : http://cafe.daum.net/lsh19577
E-mail : kbmh11@hanmail.net

값 9,000원

ISBN 978-89-93533-35-4 03800

찻물을 끓이면서

임연혁 두번째 시집

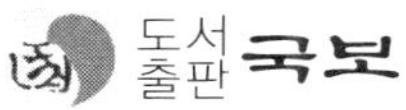

저자의 말

두 번째 시집을 엮기까지 많이 망설였다.

살아온 발자취가 모두 알려지는 것이 부끄럽기 때문이다. 하지만 이제는 모두 털어 낼 수 있어야 한다는 생각도 들었다.

한 동안 인터넷에 시를 많이 올렸다. 다리를 못 쓰고 휠체어를 타고 있을 때도 어머님의 발병 소식을 들었을 때도 흔들리는 마음을 잡기 위해서 작품이 되고 안 되고를 떠나서 쓰지 않으면 못 살 것 같아서 매일 썼다.

그 중에서 몇 편을 추리면서 못난 부분도 내 삶의 발걸음이기에 버리지 못 하고 이렇게 얼굴을 보이기로 했다. 지금은 내 감정을 시나 시조로 표현하면서 무척이나 행복하다.

이렇게 행복감을 맛볼 수 있게 항상 옆에서 나를 위주로 생활을 이끌어 준 남편에게 고마움을 전한다. 그리고 아들 내외, 딸 내외, 손주 항상 옆에서 응원을 아끼지 않은 식구들에게 고마움을 전하면서 하늘에 계신 어머님께 안부를 드린다.

이 책을 대하는 모든 분들은 "찻물을 끓이면서" 잠시 머물 수 있는 가벼운 마음으로 대해 주길 바란다.

2012년 8월 임연혁

Contents

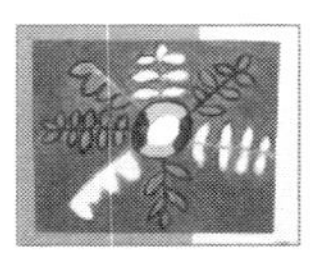

1부
망설이며 못다 한 말

2부
속살 비비며 쌓은 정

Contents

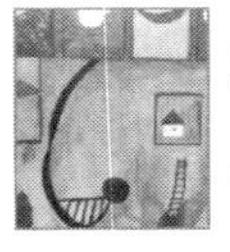

3부 세월은 물 따라 흐르고

4부
생명의 등불로 이어지고

5부
수필 모음

찻물을 끓이면서

1부

망설이며 못다 한 말

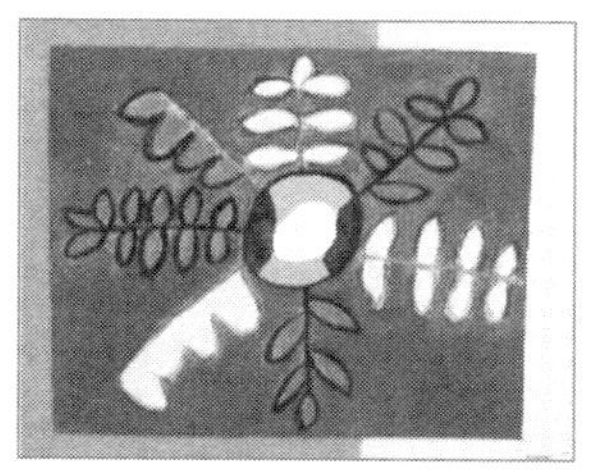

한 잔의 차

여유로운 시간
가을 목에 너와 함께 앉아
길 건너 단풍을 바라본다.

새롭게 태어나기 위해서
나무는 낡은 옷을 한 가닥씩 벗으며
이별을 준비하는 오후
낙엽은 쓸쓸한 빈터를 채우고.
마음속까지 너를 안고
따듯한 체온을 확인한다.

망설이며 못다 한 말들
화선지 위에 그림으로 그리며
자그마한 탁자 위를 가득 채우고
너와 만나면 나누는 삶의 대화를
목으로 넘기며 되새긴다.

쓸쓸한 가을날 오후를
너와 함께 외로움을 달랜다.

 시작노트

이 집으로 이사하면서

나는 차 한 잔을 들고 창가에 앉는 버릇이 생겼다.

집이 길가에 있어 오가는 사람을 볼 수 있기 때문이다.

머리를 숙이고 걷는 사람 팔을 휘젓는 사람

걸음걸이도 가지각색 표정도 가지가색

단풍이 잘 들은 산을 오르는 등산객

한 잔의 차는 대화를 이끌어 낸다.

지난날들의 인연 모두와 이야기를 나누고

그리워 할 수 있는 시간을 만들어 주기도 한다.

여유로운 시간 한잔의 차를 몹시 즐긴다.

인사동 거리

눈 감았다 뜨면
변하는 종로 한편에
적은 돈으로 큰 행복을 살 수 있는
양쪽으로 늘어선 액세서리 노점상
그 길 한 모퉁이에
한 생을 씻지 않은 늙은 향로
질펀히 누워있는 장죽 곰방대
옛날이야기를 속삭이는 은은한 차향
발걸음 멈춘 갤러리 입구
젊은 시절 본
그림 한 점이 졸고 있다.

빛바랜 시대
시간을 가두어 버린 거리
두리번두리번 발걸음 옮기는데
건물 벽돌 틈으로
늦은 햇살이 기어든다.

시작노트

언제부턴가 인사동 거리를 좋아하게 되었다.
예전처럼 고풍스럽진 않아도
자주 눈에 보이는 옛 물품들에서
나의 보내버린 옛날이 새롭게 고개를 내민다.
보고 싶은 그리운 얼굴들
만지고 싶은 옛날의 흔적
어느새 해는 지는데
서성이는 나를 발견한다.

인연

푸른 초원
허공으로 퍼져
어둠을 밝혀주는 빛
가난한 새벽을 열고 발걸음 옮긴다.

한걸음 채 벋어나지 못한
그물망의 시간들
훗 뿌려 살갗 적시는
또 다른 흔적의 바램이었다.

모르는 사이
서서히 촉촉하게 스며들어
완전히 젖어버려
하나 될 수밖에 없는
는개로 오는 당신

 시작노트

나이가 들면서 무엇이든
요즘 아이들이 말하는 휠이란 없다.
다시 생각하고 앞뒤 재고
그렇지만 올 것은
나도 모르게 는개처럼 몸에 스며든다.
그것이 운명적인 인연

일기

하늘은 아득하고
늘어진
초록 잎사귀 사이로
숨바꼭질하는
긴 해 그림자

보이지 않는 바람
머리카락 흔들어
볼을 간질인다.

속절없이 맞이하고
또 보내야 하는
무의미한 하루가 떠나는데

외로운 구름 위로
걸어놓는 마음 한 자락
8월의 마지막 주일
구름이 해님의 옷자락을 잡는다.

 시작노트

하루가 엄청 지루한 날이 있다.

그런 날은 하늘을 자주 올려다본다.

구름의 변화에 내 마음을 올려놓으니

그렇게 지루한 날도 가는 하루가 아쉽다.

찻물을 올려놓고

비 오는 날
찻물을 끓이면서
울어나는 찻물 속에
이 세상 저쪽
사랑하는 사람 생각으로
앞섶은 짓물러 터집니다.

못다 한 말들을
빗물에 싫어 보내고는
멀어질수록 쌓이는 허기
그 물 쫓아 강가에 나앉습니다.

가슴속 깊은 곳에
오두막 하나 지어놓고
작은 꽃밭 하나 가꾸지 못하고
먼 강을 바라보며
찻물을 끓입니다.

시작노트

바쁜 일상에서도 찻물을 끓이는 시간은 여유롭다.
나이가 들어갈수록 자주 뒤를 돌아보는 습성이 생긴다.
행복하고 좋은 날을 기억해야 하는데
요즈음 누리지 못하고 지나간 일들이
아쉬움으로 떠오른다.
일찍 잃어버린 아버지, 삼촌, 동생,
죽음 앞에서 한없이 방황하며 잡지 못한 시간이
마음속 오두막으로 자리하고 있다.

질경이

멈추는 일 없이 묵묵히 흐르는
강이 보이는 길섶에
허물을 벗어 놓고
뿌리 내린 삶의 터전

오고 가는 사람들 발에 밟히며
고개 들 여유도 잃어버리고
파문처럼 번져드는
고통의 시간 속에서도
순간순간 살아나는 희열의 푸른빛은
상큼한 설렘으로 아른거린다.

불쑥불쑥 솟구치는 물수제비와
우거진 숲
강둑에 스며든 석양빛이
한 점 바람으로 다가오는 날

밟혀야 살 수 있는
가슴속
숨은 사랑을 안다

시작노트

강뚝 좁은 길
발자국이 난무하는 사이로 4분의 3이 죽고
푸른 잎 하나 살아서 고개를 내미는 질경이
질경이가 숨은 사랑이라는 생각이 났습니다.
늘 눌러 밟고 있어야 이어질 수 있는 마음속 사랑
순간순간 고개를 드는 푸른 잎을 마주할 때의 희열
그 때문에 놓지 못하는 마음속 사랑

직선의 의미

바람 불고 비가 올 때는
빗줄기의 비틀거리는 행로는
곡선을 피하려는 몸부림의 연출이다.
빗줄기는 언제나 직선을 고집한다.

어떤 표현으로도 말할 수 없는
고속도로의 터널은
인간이 만든 완벽한
직선의 예술작품이다.

삶이란 어쩌면 직선으로 가기 위해
비틀거림을 바로잡고
굴곡진 삶 속에서도
꿋꿋이 직선을 고집하는
발자국일 것이다.

시작노트

사람이란 어느 순간에 잘 못된 길인 줄 알면서도

옆길을 기웃댈 때가 있다.

하지만 우리가 이 세상을 떠날 때 걸어온 발자취가

똑바르지 못한 부끄러운 발자취를 남기면

안 되는 줄 알기에

다시 바른길인 직선을 찾을 수 있는 지혜가

있지 않을까!

고향의 밤

달빛이 뜰 위에 앉으면
어둠은 나뭇가지에 숨는다.
뒷마루에 은실로 짠 이불이 깔리고
장독대 봉숭아꽃 앞다퉈 피어날 때
분명 아버지는 오시리라 기다림을 키웠다

어둠은 시간을 밀고 떠나가고
무심한 들꽃 위에 이슬은
포도송이처럼 달리고
다시 길을 잃고 헤매는 미아가 되던
어린 시절의 막막함

포성(砲聲)이 유령으로 손을 내밀어
영영 밝히지 못한 어두움

 시작노트

고향에서 하룻밤을 잤다.
잠은 오지 않고 캄캄한 밤 막막하게 다가서는
사건들이 어제 일처럼 가슴을 짓누른다.
6 · 25는 우리 민족에게 큰 상처를 주웠다.
나는 어린 시절 전쟁을 겪으면서 너무 일찍 성숙했다.
잃어버린 아버지를 기다리며 기다림을 배웠고
어머니마저 잃을까! 두려워서 참는 법을 배웠으며
외로움은 죄로 남을 수 있다고 느끼면서 아주 강한 척
그러면서 속으로 막막함에 대처법을 익혔다.

첫사랑

우리는 동글동글한 작은 돌로 만났다.
구르며 부딪쳐 만들어진 불씨로
대장간에 불을 붙여
호미, 낫 농기구를 만들었다.
호미로 꽃밭 가꾸고
풀을 베어 토끼도 기르자며
봄이 오기를 기다렸다.
봄눈이 온 세상을 덮은 새벽
누군가 농기구를 모두 가져갔다.
하얀 눈 위에 발자국은 양쪽으로 나 있었다.
우리는 잃은 것을 찾아 나서야 했다

시작노트

아주 열심히 소꿉놀이한다.

너는 아빠 나는 엄마

납작한 돌 위에 차려진 밥상

깨어진 사금파리 조개껍데기

김치 나물 밥

얼마나 열렬한 사랑놀이인가!

엄마의 부르는 손사래

그리고 조개껍질 사금파리를

집어 들면 말없이 양쪽으로 헤어진다.

그렇게 첫사랑은 시작되었다.

기억 저편

서쪽으로 기대앉은 노을 따라
스산한 바람이 바쁘다.

하루를 마감하고 집으로 향하는 사람들 틈에
재촉하는 발걸음 멈추게 하는 상가 간판
눈에 익은 글자
잊었던 이름 하나 생각나
가만히 되뇌이며
불현듯 보고 싶어 시린 가슴 싸매고
기억 속 매몰된 길을 찾는다.

어느새 알맹이 다 빠지고 남은 껍질
언어의 기억들이 빨간 단풍잎에 밀려
가슴에 점하나 찍어 놓고 떠나간다.

가을은 깊을 대로 깊었다.
여름내 키운 자식 떠나보내고
나무들도 아파한다.

시작노트

가을은 늘 쓸쓸하다.

흩어지는 낙엽을 볼 때면 더욱더 하다.

이따금 상가 간판에 이름이 쓰이는 경우가 있다.

나는 수술 후유증으로 고생한 적이 있다.

휠체어에 몸을 의지하고 살던 시절

루게릭병으로 고생하는 친구를 알았다.

인터넷상의 친구라 만난 적도 없지만

서로의 아픔을 많은 글로 나누었다.

병원에 간다며 세상에서의 마지막인 글을 남기고

그는 영 소식이 끊겼다.

그의 이름 간판은 오늘도 건재한 데…

기다림은 아름답다

당신은 흔들리는 나뭇잎 하나로
가슴을 애이게 한다.

바람의 흔들림은
당신의 발자국이었다가
발자국일 것이었다가

천천히 오고 있는
당신에게로
발걸음을 옮긴다.

시작노트

기다리는 시간에는
아무 생각 없이 기다리는 대상에 집중한다.
그가 오지 않으면 내가 가면 된다.
기다림은 꿈이요 희망이다.

이런 사랑 하고 싶다

건널 수 없는
강 하나를 앞에 놓고
하루의 반을
당신 때문에 아파도
그 아픔을 가슴에 적어
매일매일 메일을 띄우고
눈물을 한없이 쏟아내고
내 모두를 토해 낼 수 있는
그런 사랑 하고 싶다.

시작노트

어느 사람을 막론하고 그 나름대로의 고통이 있다.
그 고통이 아름답게 승화되려면
사랑이란 말 앞에 서야 할 것이다.
슬픈 사랑을 하면서
생의 말 못한 슬픔을 다 토하고 싶다.

고향 앞산

양지바른 산 햇볕 뒹굴고
허리를 둘러 커다란 정원
사계절 바람의 숨결 따라
순서 어기는 일 없이 피고 지는 꽃, 낙엽
할아버지 할머니 다정하게
정오의 빈 마당을 내려다보는 사이
태양은 담벼락에 걸려있는
햇볕 거두어버린 어스름 저녁

아주 천천히 기억의 페달을 밟는다
수북이 돋아난 삘기를 뽑고
칡뿌리 찔레순 입술 물들이던
가난마저 보고 싶게 만드는 산은
울미 저수지 둑에서도 정상을 어루만져
윙윙 몸의 적막이 울었지

집은 어디 갔을까
굴뚝은
지붕은
장독대는
다락방에 모여앉아 쑥덕거리던 별들은
가슴에 흰 구름 한 송이 안고
한나절 쉴 곳을 찾아
푸른 하늘 둥둥 떠돌고 있겠지

 시작노트

모처럼 찾아간 고향은

너무 많이 변해서 아쉬움마저도 삭아들게 만든다.

그토록 크게 보이던 울미저수지는 조그만 방죽으로 남아있고 할아버지 할머니가 계신 산만이 어린 시절을 이야기하고 있었다.

떠나간 친구들이 그리워 하늘 구름 위에 하나씩

올려놓아 본다.

11월 모기

베란다 화분 난 잎 위에
이른 아침 찬바람 한줄기에
자존심 모두 버리고
투항하는 병사처럼
비틀거리는 모기 한 마리

더위를 등에 업고
희망을 품고
무서운 것 없이 날던
좋은 시절이 있었지만
이제는 날 수 없구나.

모든 것은 시류를 따라가는 것
인생이라고 다를 것이 있을까!

 시작노트

11월에는 모기가 없어야 하는데 모두 집안으로 들어와 극성이 심하다.
추우면 죽겠지 생각하고 아침 일찍 베란다 문을 확 열어 놓았다.
의기양양하게 극성을 부려서 여름이면 물리지 않으려고 모기장에 약을 동원해도 패악을 떨더니 추위에 비실대는 모습이 사람 삶과 비슷하다는 생각이 들었다.

老瓜 (늙은 오이)

푸른 우산 속에 얼굴 숨기고
재미있게 놀던 친구들
어디론지 끌려가고
행여나 들킬까 꼭꼭 숨었다

짓궂은 바람 우산을 들치면
이따금 해님이 빙긋 웃어줄 때
아무 일도 없이 산을 넘어간 뒤

싱싱한 젊음은 잠깐 사이 지나고
서둘러지는 석양 고운 빛은
초조함만을 남겨
알려주지 않는 가야할 길

오가는 시간 속에 누런 옷 갈아입어
그 위에 남겨진 삶의 가르침
읽을 수 없는 암호로
한 생은 미로로 남는다.

시작노트

단독주택으로 이사를 오면서 옥상은 텃밭이 되었다.
상추 고추 그리고 커다란 고무통에 오이 3폭을 심었다.
건강이 안 좋은 나는 나 몰라라 하고, 남편은 날마다
물을 주어 가꾼다.
매일 고추와 상추 그리고 오이 하나를 들고 내려와
아침 밥상을 차릴 때는 농사꾼의 아내로의 기쁨을
톡톡히 맛보았는데 어떻게 숨어 있었는지 오이 하나가
잎 뒤에 숨어서 상형문자가 새겨진 옷을 입고 누렇게
늙어 있었다.
알 수 없는 글이었지만 무언가를 말하고 있는 것 같다.

몽돌 해변에서

몽돌 해변을 걷는다.
파도소리 사이사이
몽돌 구르는 소리

어린 시절 깊은 밤에
사랑방 할아버지
돗자리 매는 소리

파도가 가고 오면서
거친 숨결 다스리고
부대끼며 만든 둥근 세상

둥글게 살아라!
둥글게 살아라!
할아버지 음성이 들린다.

시작노트

보길도를 갔다. 해변을 걸었다.
나는 할아버지를 좋아했다.
홀어머니 손에 커서 버릇없을까봐
무척이나 엄하게 기르셨다.
사춘기 때는 반발도 많이 했지만
나를 제일 사랑한다는 것은 알고 있었다.
내가 할머니가 된 지금도 큰 키에 한복을
차려입은 노인을 보면
나도 몰래 발걸음이 빨라진다.
동몽선습을 앞에 놓고 달달 외우면
좋아하시던 할아버지는
내 삶에 어디에서든 끼어들곤 한다.
무척이나 보고 싶다.

찻물을 끓이면서

2부

속살 비비며 쌓은 정

완두콩을 까면서

완두콩 꼬투리를 열면
콩알이 와르르 흩어진다.

비좁은 푸른 집
옹기종기 모여앉아
속살 비비며 쌓은 정이
뿔뿔이 흩어져 영 만나지 못하겠지!

전쟁 속에 잃어버린
아버지가 생각나서
콩 까던 손이 멈춰진다.

시작노트

지을 수 없는 상처로 남은 내 어린 시절은
어느 곳이든 무엇을 보던 자꾸만 생각이 멈춰 선다.
주위를 둘러봐도 아무도 없다.
남편이나 아이들이 채워주지 못하는 빈터
헤어지는 것은 너무 슬프다.
그것도 영 소식조차 모르는 것은…….

지상에 뜬 달

친구들 모임에 가는 날
나뭇잎을 두드리며 비가 내린다.
쌓인 먼지를 씻어 내려는지
종일 내린다.
비는 저녁때야 그치고
상가의 불빛이며
가로등이 더욱 환하다.

밝은 큰길을 지나서
집으로 향하는
골목길로 접어드는데
발 앞에 하얀 달이 떠있다.
화들짝 놀라 발걸음 멈추고
고개를 드니 "비가 주는 선물이야"
열사흘 달님이 빙그레 웃는다.

시작노트

늦은 귀가는 늘 발걸음이 바쁘다.
도시에서의 달은 있는지 없는지
그냥 지나치는 일이 다반사다.
그날 마주친 달은
내 마음을 다 아는 듯 웃어주었다.

휴가

햇살 한 움큼 집어
흐르는 냇물에 던지면
스치는 어린 날 기억들이
몸부림치며 솟구쳐 오른다.

물길 따라 길 트이며
나무들은 모두 일어나
얽히고 설킨 가지 사이로 바람이
합창하는 8월의 한나절

햇볕은 숨 고르고
그림자가 손 떼고 저 혼자 간다.
꼭꼭 숨어버린 술래
젖고 마르기를 거듭한
얼룩진 수첩 한쪽에
총총히 심어놓는 글자들

 시작노트

시간이 되면 우리는 4명이 한 팀으로 여행을 한다.
홍천 산골을 찾아서 휴가를 떠났다.
아무도 없는 작은 냇가에 몸을 담그고
하루 종일 조잘댔다.
2박 3일의 이 여유로움이 나이를 초월하고
시간을 배당받아
또 몇 번이나 할 수 있을지!
우리 모두 건강하자며 다음을 약속했다.

호수가에서

뭉게구름 손잡고 뛰노는 하늘
꼿꼿한 나무
무성히 우거진 잡초까지
호수는 품 안에서
잃어버릴까
꼭 끌어안았다

바람이 지나간다.
호수 속에는
구름이 손을 놓치고
휘어지는 가지 사이로
잡초는 고개를 설레설레 흔든다.

다시 잠잠해지는 수면
바람은 모두를 흔들고
호수는 태연히 또 품는다.

세상유혹이 바람 같으니
흔들리지 않고 마음 지키려면
살점을 여의는 아픔을 견뎌야 하겠지.
바람이 호수를 지나갈 때까지

 시작노트

호수는 언제나 하늘을 안고 살아간다.

산정호수를 찾았다.

학교 때 군인 트럭을 타고 소풍을 오던 곳이다.

태풍이 지나가면서 나무도 풀도 쓰러져 있었다.

호수는 쓰러진 나무도 품고 있었다.

세상 살기가 늘 힘들다는 생각이다.

안기는 자나 품는 자나 모두...

앵두를 따며

가지마다 아들 딸 끼고 앉아
살아온 세월 힘에 겨워
허리가 휘어져있다.

지나는 구름 마주 보기 부끄러워
푸른 잎 사이 숨었다가
해님의 입맞춤에 얼굴이 빨개졌네.

소슬바람에 가슴 설레고
하얗게 걸린 달빛 우러르며
중심을 들키고 놀라던 시절엔
익은 과일을 딸 때면
풍요로움만 알았었지

친구여!
늦은 안부 나무라지 말게
정성을 다해 키운 딸
출가시키고 많이 허전하겠네

시작노트

우리 집에는 앵두나무가 있다.
해마다 작은 알이 옹기종이 열리지만
예전 같지 않아 따 먹지를 않는다.
술을 담그는 것이 전부다.
하지만 풍요로움을 느끼기에
언제나 정성을 들여 가꾼다.
앵두를 따고 나면 가지 사이가 훤하게 잘 보인다.
아주 허전해 보여서 안쓰럽기까지 하다.

밤비

한밤중
잠에서 깨어나니
빗소리 요란하다

창문을 두드리며 안부를 묻는 건가
지나온 한 생이 실타래로 풀리는 밤

잠시 눈 감았다 뜨면
또 다른 세상
빗물은 바다를 향해 가고
그 길이
내가 가는 길

시작노트

밤잠이 깼을 때 내리는 비는
불현듯 찾아온 손님 같다.
잠은 잊어버리고 상념에 잠긴다.
빗물이 바다를 향해 가듯이
주검이라는 바다를 향한 발걸음은
어디까지 와 있을까?
살아온 날보다는 살아갈 날이 적기에

사라진 인연

체감온도가 도수보다 더 떨어지는 첫 추위
고개를 숙이고 옷깃을 여민 채 걷는다.
건널목 빨강 신호등
발걸음 멈추고 고개를 드니
눈에 익은 글자 위로
잊었던 얼굴 하나가 스친다.

눈앞이 흐려지는 그리움
계신 곳도 춥겠지요?

한글의 자음 모음은 끼리끼리 만나야만
뜻을 가질 수 있는 정해진 인연이 있다
우리의 인연이라는 것도
정해져 있는 것이 아닐까!

바뀌는 신호등 따라 또 걷는다.
살아온 길을 걸어가듯

시작노트

우리의 일생은 만남의 연속으로 이루어진다.

좋은 인연이든 악연이든 지나고 생각하면 모두 아쉽다

추운 날은 더욱 그렇다

먼저 간 사람들과의 추억은 가슴을 시리게 한다.

그 불의 사고로 잃은 인연이 몹시 그리운 날

선(線)

석양을 등에 지고 강둑을 거닐며
돌멩이 하나 강물에 던진다.
일렁이며 퍼지는 파장
어디로 가는지 모르면서
수심으로 끌려가는 몸 뒤로
돌고 도는 둥근 선의 유희
어스레 언덕 세월 저편
이름 석 자 등에 지고
물음표 하나를 쫓아
한평생 쌓아가는 나이테

시작노트

불행하게 한강에 몸을 던진 친구가 있다.

우리 아들과 같은 또래 아이를 가진 옆집 친구다.

아이를 같이 기르며 서로 경쟁심도 있었지만

속마음 다 주면서 아주 친했다.

자식의 탈선으로 그는 먼저 갔지만

내 마음속에는

그때 그 모습으로 그 나이로

문득문득 살아나곤 한다.

도와주지 못한 아쉬움과 함께

도라산 전망대에서

눈이 모자라 보이지 않는 곳
가만가만 살림살이 엿보고 온
바람의 속삭임 속에
잃어버린 아버지 소식도 물어본다.

잔잔히 흐르는 냇물
줄지어 서 있는 앙상한 나무
햇살도 겁에 질린 철조망

울컥 슬퍼지는 마음
60년 기다리다 어머닌 가셨어요.
속절없이 바람에 실어 보는 안부

높은 전망대에 서서
가슴이 답답하다

 시작노트

얼굴도 기억이 나지 않는 아버지
불러본 기억도 없는 아버지
물음표뿐인 아버지는 어머니와 함께
묻었다 생각했는데
세월이 갈수록 이 사람 같으면 좋았겠지!
성품이 마음에 들면 공연히 상상을 하고는 한다.
지금은 누가 보아도 평범하게
부러울 것 없는 가정을 꾸리고 살면서도
늘 허기진 그리움은 내 생활에 오점을 만들고 있다.

낙엽

매서운 바람 앞에
이별이 서러워
빨갛게 물들인 가슴
뒹굴어 빛은 바래고
사연 들을 잊을세라
빼곡히 쓰인 엽서
새로운 비상하면서 열반에 드는가.

내년이면 다시 오자
마른 잎 구르는 맹세
바스락 부서져도
또 다른 꿈을 꾼다.
낙엽은 새처럼 하늘을 날아
서방정토 가려는지 독경소리 따라간다.

 시작노트

낙엽이 떨어질 때는 마음이 아리지만
낙엽은 부스러져 썩어
봄이면 피어날
잎의 자양분이 된다.
그래서 꿈은 늘 우리 주위에도 있는 것

아침 산책길

내 안에 잠재된 상념이
습관으로 나를 깨운다.
아직은 어두운 길목에서
일출하나 그려 넣은
한 폭의 동양화를 만난다.

발걸음 옮기면서
갓 태어난 아기의 푸른 울음소리를 듣는다.
뒤뚱뒤뚱 걸음마를 배우고
소꿉장난은 무척 재미있다
갑자기 주위는 캄캄해지고
쏟아지는 빗속에
아가는 아빠의 손을 놓치고 만다

켜켜이 쌓인 나이테 양파껍질 벗기듯 열어
몹쓸 병처럼 감추고 살아온 비밀
바람에 실어 보낸다.

아침이슬에 비친 환한 태양
엉킴 하나 없이 우수수 일시에 쏟아지며
생명의 울림으로 다가온다.
시작을 알리는 새들의 노랫소리와 함께

시작노트

나는 항상 잘 웃고 떠든다.
내 허탈함을 감추려는 몸짓이다.
나이를 어쩌랴 무언가 초조하고
그 시절에 못해본 것에 대한 갈증이
좋을 때나 슬플 때나 상상의 나래를 편다.
내 죄도 아닌 일인데 행여나 불이익을 당할까
피해의식으로 꽁꽁 싸매고 산 날들
이제는 벗어던져야지 머리는 되는데 마음은 아니다.

낮달

하늘 가운데 소리없이 나타나
보일 듯 말 듯 드러난 하얀 속살

밤을 찾아가는 긴 여행길
반갑게 맞아 줄 별님 떠올리며
발걸음 재촉한다.

낮이 가면 밤이 오고
만나고 헤어지는 삶의 수레바퀴
그 속에 생의 그림자 드리우는 지친 얼굴

시작노트

낮달은 있는지 없는지
있어도 희미하니 잘 안 보인다.
누구든 희망이 있으니 움직인다.
보고 싶은 사람도 찾아가고
또 나를 반겨줄 것이라는 기대로
힘든 여정도 참을 수 있으리라…….

노년

머리카락이 더 빠진 거 같아
내 머리는 더 하얗지
말하지 않는다.

내가 무척이나 힘든 만큼
당신도 힘들었지
내민 손

손을 꼭 잡고
모색의 너울 속으로
발걸음을 옮긴다.

시작노트

같이 걸을 때면 남편은 손을 자주 내밀어 잡는다.
연애 시절을 떠올리면 빙그레 웃음이 난다.
변한 모습! 하지만 말없이 손을 꼭 잡는다
이것이 노년의 모습 아닐까.

유월 바람

아무도 몰래 가만가만 찾아와
나뭇잎을 살랑살랑
춤추게 하는 평온함
머무르는가 싶었는데
어느새 여기저기 떠돌면서
안부를 묻는다.

이유 없는 화풀이는
격정의 소용돌이로
한바탕 휘몰아 둘로 갈라놓고
망쳐놓은 놀이판 뒤로하고
태연히 웃는 떠돌이의 심술

흔적 없이 지나간 길
찢긴 상처 자국 위에
푸르름 키울 때쯤
고요한 물결 위로
구름은 비를 꼭 끌어안고
그림자를 만들어서
나이테 갈피갈피 끼어놓았다.

보이지 않는
유월 바람의 씨앗을

 시작노트

나는 유월에는 자주 시들거린다.
공연히 화도 냈다가 웃었다가
기폭이 심해지는 마음을 다스리기가 힘들다.
나이가 들면 철이 들어야 하는데
점점 더 어려지는 마음에
억울하고 분한 마음까지 동원되면
나는 시들지 않을 수가 없다.

문득

세찬 비바람이
곱게 핀 백합꽃 대를
두 동강 냈다

계단 위 작은 화분은
채송화를 생매장시키며
넘어져 있다

흙을 다듬어
꽃대를 세우면
밝은 햇살 아래
환하게 웃겠지

한 삶도 넘어지면 반으로 줄여
한밤 지나면
다시 시작하는 첫걸음이었으면

시작노트

거리에 노숙자를 보면서...

바람이 지나간 자리는 늘 표가 난다.

망가진 것을 손질하고

하루가 지나면 여전하다.

우리 삶도 다시 시작하기가 그리 쉬웠으면...

찻물을
끓이면서

3부

세월은 물 따라 흐르고

하늘공원

삼백여 목조계단 숨 가쁘게 올라서니
산정에 풍차는 시간 끌고 도는데
하얀 손 흔들어 반기는 억새
쌓인 피로가 바람 따라 떠나간다.

난지도 매립지
형체 없이 썩은 쓰레기
토해낸 메탄가스 연료로 사용되고
쓰레기가 쌓여 생겨난
가족이 즐기는 희망의 숲 속 쉼터
크고 작은 꽃들이 웃는다.

우리도 생이 다하여 버려지면
저 난지도의 하늘공원처럼
새로운 존재로 재생할 수는 없을까
저녁노을이 마음을 물들인다.

시작노트

쓰레기장 위에 세워진 공원
사람의 힘이 얼마나 큰가!
갈 때마다 느끼는 것
무엇이든 거두고 공들인 만큼
제 몫을 한다.

정류장에서

곱게 물드는 나뭇잎을
시샘하는 비가 내린다.
바람에 넓은 가로수 잎들이
낙하산처럼 날리는 버스정류장

많고 많은 사연을 싣고
오가는 버스가 스쳐간다
빨강버스, 파란버스를
타고 내리는 사람들
목적지까지 정확히 가서
안전하게 내릴 수 있을까!

시골 조그만 정류장에서
어느 해 가을
목적지를 많이 남겨놓은 채
신발 벗어 놓고
세상을 떠나버린 소꿉동무를
한없이 그리워한다.

삶이란
버스여행같이
많은 사연이 오고가는 것인 모양이다.

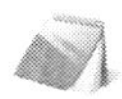 시작노트

비가 오는 날 그것도 낯선 곳에 있으면
마음이 무척이나 서글퍼진다.
그런 날은 먼저 간 친구들이 생각나고
제 목을 다 채우지 못한 친구는
늘 마음 자락을 붙들고 따라다닌다.

자선냄비

는개 내리는 초겨울 청계천을 걸었다
저녁 무렵 엄마의 부르는 소리를 들은 아이처럼
부지런히 달리는 물
세월은 물 따라 흐르고
마른 억새 흰 잎은
조용한 바람에도 와스스 움츠린다.
떨어져 뒹구는 낙엽은
바스락 발밑에 지난 세월을 묻는다.

담 벽 사이사이 작은 등이 발밑을 비추는데
불빛에 꽃창포 작은 잎이 고개를 내민다.
푸른 잎은 불빛 가까이에만 있다.
작은 온기가 큰 힘이 되는 세상

 시작노트

해마다 년 말이면 자선냄비가 등장한다.
큰 금액이 아니어도 모두 동참할 수 있는 마음이면 좋겠다.
작은 불빛에도 추위를 조금 덜어내고 고개 드는 식물
온기란 작고 크기를 따질 일이 아니다.
무작정 주면 보탬이 된다.

오월 (5/18)

푸른 생명 숨 고르며 열쇠로 열은
아린 기억들

압사한 자식 끌어안고
눈물 한 방울 흘리지 못해
질린 얼굴로
먹이 찾는 충혈 된 눈

술래는 눈 가리고 총 칼 휘둘러
삼키지 않고 질펀히 흐르는
핏빛 냇물

파릇파릇 피어나는 잎은 냇물을 마시고
붉은 기색 하나 없이
알곡으로 여물어 간다.

 시작노트

계절의 여왕 5월이라지만 그보다는
5월이 오면 광주의 5.18이 생각난다.
못다 핀 꽃들의 절규를 딛고
우리는 오늘도 아무렇지 않게 5월을 또 맞이한다.
그들의 아우성 그들의 피 헛되면 안 되는데…….

낮달(어머니)

좋은 것만 골라 모아서 자식에게 바치고
몸 돌볼 여유 없이 잃어버린 젊음
기다림을 양식으로 키워온 인내
쌓여진 시간 속
나이테 넘어 걸어온 길

멈추는 일 없는 밤과 낮의 수레바퀴
품고 있는 하늘 한없이 넓고 깊은 곳
눈에 넣어도 안 아플 자식
지키며 품는 따스한 마음
밤 지새고도 궁금해 얼굴 내민다.

구부러진 허리
초라하게 병들어 빛바랜 얼굴
전쟁미망인 어머니의
슬프게 고운 모습

 시작노트

낮달을 보면 어머니가 떠오른다.
없는 것 같아도 늘 있고
안 보는 것 같아도 지켜보고 계실 어머니
나를 이 세상에 있게 하시고
나를 위해서 삶을 바치신 어머니
난 어머니를 위해서 한 것이 너무 없어서 늘 가슴이 아프다.
어머니를 다시 만날 수 있다 생각할 때는
내 생의 마지막은 두렵지 않다.
만나는 날까지… 어머니!

기도
(어머니 묘(墓)앞에서)

동산 잔디밭
조용히 쏟아지는 금빛 햇살
살랑이며 스미는 연한 바람

당신과 함께했던 날들을
나무그늘 여기저기에 놓고는
그리움 넘쳐 서러워진다.

당신의 유월은 태풍이었네
그 속에 임은 기약 없이 떠나가고
달빛 없는 캄캄한 밤에도
앉은 자리는 늘 선명해서
행여나 사립문소리 귀 기울이며
정안수 한 사발 부뚜막에 떠 놓았네

고향의 외진 동산 중턱
당신은 찔레꽃으로 하얗게 피어
가슴에 맺힌 유월의 사연일랑
흔적도 없이 지워버리고
찾아오는 벌 나비와 함께
당신의 유월도
노래하는 유월이기를!

 시작노트

어머님 묘 앞에 서면
용서를 비는 일 외에는 할 말이 없다.
그 많은 외로운 세월
어찌 견디셨을까!
치맛자락 붙들 줄만 알았지
어머님을 여자로 생각하지 않은 이 철부지
어머님 용서하세요.
부디 그곳에서는 행복하시길 기도합니다.

안개

아침 산책길
너풀너풀 피어올라
산도 나무도 뽀얗게 덮어
시야를 막아서 발걸음 멈춘다.

손을 뻗어도 잡히지 않아
엄습해 오는 불안
사방이 막혀 허우적거린다.

서서히 다가오는 빛
떠오르는 태양
그 들은 흐느적거리며
소리 없이 부둥켜안고
풀잎에 주저앉는다.

살아가면서 누구나
길이 보이지 않을 때가 있다
서두르지 않고 기다리면
곧 걷히는

시작노트

아침 산책길에서 안개를 자주 만난다.
가슴이 답답하고 시야도 흐리지만
곧 거치는 걸 알기에 걸음을 멈추지 않는다.
우리 삶의 걸음걸이처럼

소나무와 담쟁이덩굴

등산길 소나무에
칭칭 감은 담쟁이덩굴
파란 눈망울 굴리며
햇살 머리에 이고
온몸 흔들며 애교로 한들한들

귀찮다 발로 차고 몸부림치는 소나무
흔들고 떠밀며 넋두리 하소연 속에
해님은 서쪽으로 기울고
지치는 긴 그림자
한 생애 만나는 악연
같이 가는 자갈길

솔향기에 취하고
빨판으로 뜨겁게 포옹하면
신이 준 황홀한 떨림
바람결에 스러지는 순간에
또 다른 생명을 잉태한다.

※ 소나무에 담쟁이덩굴은 당뇨에 좋은 약입니다.

 시작노트

담쟁이와 소나무를 보면서
날마다 싸우면서도 자식 낳고 사는
부부를 생각했다.
우주 만물의 생리 속에서 인간은 배우면서
살아가게 되어있다.

보리밭

강가에 뿌리내린 관상용
일렁이는 초록의 물결
황금빛 물들 때
기다리던 농심
서산의 저녁노을이
곱게 내려앉았네.

부질없는 발길
술렁이는 소리에 멈추니
가신지 사십 년 된
할아버지 앉아서
긴 수염 쓰다듬으며
막걸리 한잔을 드신다.

시작노트

어렵던 시절에는 보리가 주식이 되어
보릿고개란 말까지 생겼었다.
지금은 보리 구경하기가 쉽지 않다.
강가에서 관상용 보리를 보면서
할아버님을 떠올리는 건 흰 수염만은 아니리라

방랑자

빌딩 숲 사이 일렁이는 인파 속
점점이 매달린 작은 불빛 뒤로한 채
살아 숨 쉬는 모든 것들이 서글퍼지는
깊어만 가는 겨울밤
굶주린 배 움켜쥔 지친 삶이 있다

잠자리 찾지 못해
맴만 돌다 주저앉은 자리
비가와도 걱정 없는
네 바퀴 자동차 밑
편안히 기대앉으며
깊은 꿈속으로 빠진다.

어려서 헤어진 어미는
어디로 갔을까
자동차 불빛 속에서
어미 찾다 잠든 길고양이

 시작노트

들 고양이들이 많아서 차 밑에서 자기도 하기 때문에
출근길에 차를 움직일 때는 늘 걱정이 된다.
불쌍하기도 한데 기를 수도 없고
먹을 것을 줄 수도 없다.
받자를 하면 내 집이 아니라 고양이 집이 되기 때문에

마음 머무는 곳

모습이 변한 산
웃음 흘리는 골짜기마다
지쳐 누워있는 마른 잎의 절규가
써늘하게 온몸을 감쌀 때
갈 길 잃고 언덕에 주저앉는다.

단풍 물들어 길 재촉하면
이곳 찾는 부질없는 걸음
습관으로 도지는 병

저물어 가는 무수한 약속
구름 걸린 언덕에
발자국 하나도 남기지 못한 채
잠깐 한 눈 파는 사이
해는 어느새 높은 등성이 넘고 있다

뒤척이는 바람은
제자리 지킬 줄 모르고 떠난다.
바스락 쌓이는 이불 속에
못다 한 언어를 눕힌다.
붉게 변할 수밖에 없는 사연 앞에
또 다른 꿈을 품는다.

 시작노트

그곳에 늘 가지는 못해도
마음은 언제나 고향에 가 있다.
단풍이 물들고 바람이 서늘해지면
하루에도 몇 번씩 고향에 간다.
마음은 머무는 곳이 있는 건가 보다

사랑의 산 높이

나는 당신의 눈을 봅니다.
그리고 읽을 수 있습니다.
당신의 마음을

내가 가장 행복할 때
당신은 나를 위해 당신을 버리는 거지요

내가 가장 불행할 때
당신은 당신만의 세상으로 날고 있지요.

함께 하면서
조금씩 접어 놓은 혼자만의 꿈
쌓이고 쌓여서 높이가 45
사랑의 산을 만들었습니다.

 시작노트

두 사람의 만남으로 만들어진

결혼 생활은 양보가 없으면 이어갈 수가 없다.

어언 45년이 되었다.

세월이 빠르다는 걸 실감한다.

꽃잎 한 장

비바람 피하여
내 창문으로 날아든 가녀린 너
갈 길 잃고 초점 잃은 눈동자
흠뻑 젖은 옷 사이로
속살이 드러난 고운 몸매
사랑받든 날들을 찾아 나선
머무르지 못하는 방황의 날갯짓

시작노트

바람 불고 비 오는 날

갈 곳 잃고 날리는 꽃잎을 보았다.

화려했든 날들이 얼마나 그리울까.

우리 모두에겐 되새기는 즐거운 추억이 있다.

눈 내리던 날

눈 내리던 날
내 마음 열고 들어와
따뜻한 커피 한잔에
그리움 새기고 간 그대

눈 내리는 오늘
하얀 도화지 위에
긴 사연의 답장을 씁니다.
사랑한다고…….

시작노트

백지를 보면 늘 편지가 쓰고 싶다
눈은 항상 새로운 것을 탐내게 한다.
대지를 하나로 만드는 신비함 때문이리라

찻물을 끓이면서

4부

생명의 등불로 이어지고

겨울 바다

꼭 찾아야 할 이유도 없는 바다를
후 뿌리는 눈을 맞으면서
축제의 빛으로 마주섰다.

침묵하는 바다 앞에서
침묵할 수밖에 없고
주름살처럼 일렁이는 파도의 갈피마다
흔들리는 시간을 끼워본다.

파도가 밀고 간 그 자리
허망한 세월도 쏟아내고
모래밭에 시나 쓰라는
이름 모르는 새의 울음을 삼키는 겨울 바닷가

시작노트

겨울 바다를 찾았다.

친구 넷이서 청산도 노화도 보길도 섬을 돌았다.

4박 5일의 여행 떠오르는 시상을 정리하면서

일상에서 벗어나지 못하는 나를 발견한다.

시간의 흔적

구름 걸린 언덕
녹색 물결도 숨소리 그친 자리
무수히 스쳐간 언어들이
놀 빛 속으로 저물어 가고 있다.

날아 앉은 새들을 따라
잠깐 한눈을 파는 사이
엽서처럼 날아들어 돌아간 시간

해는 어느새 산등성이를 넘고
머물지 못하는 철새도
바람처럼 떠나간다.

시작노트

좋은 일이건 나쁜 일이건 시간이 지나면 흔적이 있다.
떠나는 철새에게 몽땅 주고 싶은 기억들이
노을이 지는 이 시간에는 너무 많다.

휘청거리는 오후

볕 좋은 한나절 지나
온통 땀으로 요동치던 삶이
그늘로 떨어지는 시간

마른 풀에 번지는 타는 냄새
굶주린 입들이 식은 채로 쉬고 있다.
가녀린 목울대 기다림에 지치고
아픔이 어우러진 틈사이로
살찐 젖가슴을 흔드는 바람

8월의 시름이 익어가는 오후는
가을이 익는 소리 위로
흔들리는 가슴앓이도 함께한다.

시작노트

무더운 8월 오후
참기 어렵게 목이 마르지만
곧 다가올 가을을
바람은 슬쩍슬쩍 알려준다.

302호의 새

날개를 잃은 새는 302호에 머문다.
아파져오는 죽지를 쓰다듬으며
그려보는 푸른 초원은
꿈에서나 날고 있다.

날지 못하는 새는
왜 이곳에 있어야 하는지 모른다.
달빛을 붙잡고 한없이 퍼덕여 보는 날갯짓
뒤엉킨 매듭을 부리로 쪼아본다.

시작노트

나는 혜화동 병원에 날개 없는 새로 살았다.
하루에 몇 번씩 변하는 마음을 추스르면서
걸을 수 없는 내 다리를 보기 싫어했다.
그리고 억울하고 분해서 울던 밤들은
내 생에 가장 힘든 시간이었다.

감자 꽃

요동하는 삶이
불볕더위로 목이 타는 오후
무성한 잎사귀 딛고
연보라빛으로 일어선 그대여

피곤한 일상에 풍요를 꿈꾸며
깊은 땅속 끊임없이
생명의 등불로 이어지고
나직한 울림은
가냘픈 여인의 흔들림으로 피어있다.

시작노트

참으로 오랜만에 보라색 감자 꽃을 보았다.
이 더운 가뭄 속에서도 꽃을 피운 그는
가냘픈 여인의 잉태를 보는 듯했다.

못다 핀 꽃 한송이

앞마당 초롱꽃에 향기로 물드는데
심술 난 고양이의 발자국은
피다만 꽃송이 목을 잘랐다
그 소리에 지구가 울리고
서쪽 하늘이 찢어지고 있다.

태양은 겁에 질려 빛을 잃고
서산으로 넘어간다.
날던 새도 시름이 깊어
어둠 속에 묻는 하루
와르르 무너지는 질서 위로
주룩주룩 봄비가 내린다.

 시작노트

한참 예쁜 초롱꽃을 고양이가 망쳤다.

내 어린 시절 막내삼촌의 얼굴이 떠오른다.

내 나이 21살 삼촌이 28살

내게 없는 아버지도 되고 오빠도 되고

스스럼없이 내 모두를 털어놓는 친구도 되고

애인처럼 삼촌하고 숙녀로써의 생활을 배워갔다.

그 삼촌이 28살 불의의 교통사고로 저세상으로 갔다.

내 삶의 전환점이 된 그 일

잊은 줄 알았는데 허무하게 꺾인 꽃 앞에서

떠오른 얼굴 보고 싶다.

찻물을 끓이면서

5부

수필 모음

나의 어린 시절

내 어린 날의 성장 배경에는 온통 산으로 둘러 쌓인 추억이 많다. 어떤 기억이던 산과 연관 없이는 생각나지 않는다. 내가 자란 시골은 삼태기 안같이 생긴 긴 골짜기에 톱처럼 작고 얕은 능선이 불규칙하게 볼록볼록 튀어나온, 30호 정도의 가구가 톱니 골짜기마다 흩어져 살았다.

골짜기는 윗마을, 가운데 마을, 아랫마을, 구석마을, 건넛마을 이렇게 이름을 지어 불렀다. 아침에 일어나 마루에 서면 산봉우리에 떠오르는 해가 앞마당 봉선화 꽃 이슬에 입맞춤하는 것을 보았다. 달이 뜨는 밤이면 달빛이 싸리나무 울타리 사이로 문지방을 넘는 것도 보았다. 집 앞 도랑가로 봄이면 두릅 순을 따려고 헤매다가 여기저기 상처가 나기도 했다. 여름에는 큰 밤나무에 자지러지게 울어대는 매미 소리를 들으며 푹푹 찌는 더위를 식히러 도랑물에 발을 담갔다.

가을에는 맑은 물에 시린 손 넣어가며 줍던 알밤, 한 톨만 집으면 손이 꽉 찼고 겨울 철새의 높이 비행하는 모습에서 평화를 느끼곤 했다.

그런 평화도 이제는 만나 볼 수가 없다.

내가 초등학교 시절에는 작은 동산을 넘어서 학교에 다녔다. 어린 시절 작은 동산은 넘기가 힘이 들어 헐떡고개라고 불렀다. 동산 소나무밭 밑에 학교는 6·25때 불에 타서 교실 4개만 남아있었다. 1,2학년 때는 동산의 나무그늘이 교실이었다. 나무에 칠판을 달아놓고 잔디에 앉아서 공부했다. 미군이 한일자로 길게 간이 학교를 지어 주었다. 학교를 지은 건축 자재가 무엇이었는지 잘 모르지만, 겨울이면 장작 때는 난로가 있어도 몹시 추웠고, 여름이면 온갖 벌레가 나오곤 했다. 그럴 때면 아이들은 공부는 뒤로하고 웅성거려 소란이 일고 수업이 중단되곤 했다.

수업 끝! 종례 종소리가 귓가에 들릴 때면 왁자지껄 기다리던 쉬는 시간은 퍽이나 반가웠다.

그렇게 반갑고 경쾌한 종소리를 그 후로 어디에서도 다시 들어 본 적이 없다. 운동장에서 공기놀이, 고무줄놀이, 땅뺏기 등 즐겁기만 했던 시절이다.

마을 동산에는 그네도 있었다. 잔디 동산에서 고무신을 깔고 앉아 미끄럼도 탔다. 내 어린 시절 동산은 생활의 터전으로 순수하게 다가왔지만, 또한 나의 막연한 슬픔이기도 했다. 집 옆 볼록 나온 작은 동산에는 시제를 지내는 선조님 무덤이 몇 있고 그 옆으로 바위가 겹쳐 있고 동양화에서 본 듯한 노송이 한쪽 가지만 옆으로 길게 자라있다. 나는 그 동산 소나무 밑을 자주 찾아가 바위에 앉았다.

소나무 밑 바위에 앉으면 멀리 골짜기 마을 초입까지 보인다. 장에 간 어머니를 기다릴 때 그곳에 앉아서 날이 어두워지면 옆에 선조님 무덤이 무서웠지만 그보다는 어머니가 영 돌아오지 않으면 어쩌나 하는 생각에 더 두려웠다.

또 6 · 25때 헤어져 오지 않던 아버지를 기다릴 때도 나는 그곳에 늘 있었다. 그렇게 나의 막연한 기다림에 슬퍼지던 마음은 동산에서부터 시작됐다. 내가 어머니 유골을 안고 고향에 갔을 때는 나무도 바위도 보이지 않았다.

어머니가 나를 떠날까 봐 겁먹던 유년시절의 흔적을 지우듯이 모두 없어지고 그 자리에는 집이 한 채 들어서 있었다. 그네가 있던 동산에는 나무 몇 그루가 동네를 지키며 나를 바라보고 너는 누구냐고 묻는듯 했다. 먼 옛날 이곳에서 뛰놀던 아이가 머리엔 잔서리를 맞고 구부정하니 서서 벌을 서고 있는 듯하다. 우리 삶의 몫으로 할당된 시간의 길이가 짧음을 일깨워준다.

초가지붕 얕은 굴뚝에서 피어오르던 저녁연기가 생각났다. 나는 집집을 둘러보며 초가지붕이나 굴뚝은 어디에도 없음을 느끼면서 겨드랑이로 서늘한 바람이 지나간다. 해는 서산으로 넘어갔다.

'해는 져서 어두운데 찾아오는 사람 없어 ~~

이 일 저 일 생각하니 눈물만 흐른다.'

문득 떠오르는 노래, 불러본 지가 언제인지 아득하다. 어머니를 이곳에 두고 떠나는 발걸음이 무겁다. 나는 속으로 나지막이 이 노래를 부르며 눈물을 닦는다.

분홍색 누비버선

그리움이란 작은 것에서 시작된다.

내가 분홍색 누비버선을 꺼내는 날은 온종일 우리 시할머님을 그리워한다.

내가 결혼 후 처음 시집에 갔을 때 할머님은 손자며느리인 나를 무척이나 사랑으로 맞아 주었다. 경기도에서 전라도로 시집간 나는 무엇보다도 음식 때문에 애를 먹었다. 음식이 짜고, 매우니 먹을 반찬이 영 없었다. 할머님은 단무지나 맵지 않은 나물을 내 앞으로 밀어주시며 "아가 이 반찬으로 밥 먹어라"하고 말씀하셨다.

층층시하에 혹여 눈치받을세라 끼니마다 챙겨주시며 여러 식구 속에서 나를 싸안으시고 사랑해 주셨다.

서울에서 신혼을 차리고 내가 일을 해보겠다고 했을 때 할머님은 우리 집에 오시어 우리 아이들을 길

러주셨다. 이런저런 살림살이도 가르쳐 주시며 7년을 같이 생활하면서 할머님께 김치 담그는 법이며 음식 만들기도 배웠다.

나는 팥죽을 좋아해 겨울이면 할머님이 팥죽을 잘 쑤어 주곤 했다. 옛날에 연탄불에다가 팥죽을 쑤시던 할머님 모습을 잊을 수가 없다.

그때 배운 솜씨로 동지 때면 나는 팥죽으로 동네잔치를 하곤 한다.

연세 드시어 고향으로 내려가셨다. 동서가 부모님을 모시고 살았으니 할머님도 동서가 모시었다. 내가 서울 가시자고 하면 "고향에서 죽어야 한다."고 하시며 서울에서 죽으면 화장을 할 것이라며 극구 사양하셨다. 고향에는 삼촌이며 고모가 이웃에 살고 계셨다. 그 이유가 할머님을 시골에 사시게 한 이유인 것 같다.

어느 해 겨울 할머님은 내가 시골에 갔는데 무엇을 내 짐 속에 넣으시며 새것이니 신으라고 하신다. 꺼내 보니 분홍색 누비버선이었다. 아마 어머님께서 할머님 신으시라고 드린 것 같은데 나를 주려고 아끼신 것 같다. 어려운 시절 태어나서 가난살이만 하셨으니 나이 드시면서 물자가 흔해져도 옛날 생각으로 무엇이든 귀히 여기고 주시는구나 생각하고 챙겨

가져왔다.

두 달만 더 사셨으면 고손을 볼 수 있었을 텐데… 하는 아쉬움을 두고 할머님은 내 손자가 태어나기 두 달 전에 세상을 떠나셨다.

93세에 가시었으니 장수하셨지만, 정신은 건강하시어 태어날 고손을 손꼽아 기다리셨다. 이제 가고 안 계시니 추억 속에 그리움이 주렁주렁 달린다.

나는 분홍버선을 일 년에 한 번 김장할 때면 꺼내어 신는다.

15년이 된 버선은 지금도 깨끗하니 새것이다.

올해도 어김없이 김장 때 신은 버선을 손질하여 간직하면서 소천하신 할머님의 명운을 기도한다.

겨울날에 군밤

추운 겨울에는 조그만 온기만 보이면 어디든 마음이 간다. 오늘 모임에 갔다가 좀 늦어서 종종걸음으로 집으로 향하는데 건널목에 차를 세워놓은 군밤장사가 있었다. 군밤에서 나오는 열이 느껴지니 기웃거려진다. 아저씨는 나를 쳐다보며 "아주 달고 맛있어요." 꼭 사서 갈 것 같은지 봉투부터 집는다.

웃으면서 "한 봉지 주세요." 차 안을 자세히 살펴보니 뻥튀기 기계가 있다.

뻥튀기 기계에다 튀겨서 구운 것이구나 생각하니 밤이 맛이 없을 것 같다.

화롯불이 생각이 나서다. 나 어릴 때는 방 윗목에 불씨를 모아 담아 놓은 화롯불이 있었다. 화롯불에 밤이며, 고구마를 구워 먹었다.

알밤을 그냥 화롯불에 넣어서 터지는 바람에 온 방

이 불씨며 재로 어지럽히기도 했다. 밤은 살짝 깨물어서 구워야 튀지 않는다는 걸 어머님께 배웠다.

그 시절의 군밤, 그 맛이라니 어린 시절의 그리운 추억이 군밤에서 올라오는 온기처럼 가슴에 따뜻하게 되살아난다. 한겨울의 추억이 어디 화롯불의 군밤뿐이랴 눈이 수북이 쌓인 기나긴 겨울밤에 땅속에 묻어 둔 항아리 속 동치미 맛은 천연 사이다이다. 거기에 곁들여 먹었던 고구마의 맛은 잊을 수 없는 최고의 간식이다.

이렇게 추운 겨울날이면 밖에서 놀다 집에 와 방으로 들어오면 방바닥 온기를 보존하고자 깔아놓은 이불이 있다. 아랫목 이불 속은 어머님 품속같이 몸과 마음을 따뜻하게 해주며 꽁꽁 얼었든 손발을 녹여주었다. 그 속에 묻어놓은 밥그릇은 어머님의 끝없는 사랑이며 그 사랑을 그대로 먹고 자란 것이다. 이불을 들치고 한 번 들어가면 쉽게 나오고 싶지 않은 고향의 아랫목은 장판이 늘 누렇게 태워져 있다. 깔아 놓은 이불만큼이나 따뜻한 정으로 내 가슴에 살아있다.

세상은 내가 살아온 만큼 변했다. 문명의 발달로 아랫목 윗목 없이 온 방이 뜨끈뜨끈하다. 전기밥통에 전자레인지가 있으니 밥을 묻어둘 필요도 없다.

단열재를 사용한 주택은 화롯불 없이도 겨울에 반소매를 입고 생활한다. 이토록 편리하게 사는데 이렇게 가슴 시리게 그 시절이 그리워지는 것은 가난하고 불편한 생활에서도 받은 정만은 따뜻했기 때문이다. 늘 실타래의 끝을 찾듯이 습관처럼 옛날을 문득문득 떠올린다. 나이가 들면 '추억을 먹고 산다.' 라고 하더니 이제 살아온 날보다 살아갈 날이 적으니 쌓인 연륜만큼 이곳저곳에 그리움도 많다.

들고 온 밤 봉지를 보고 손녀는 "할머니 뭐에요?"

"밤인데 먹어라."

"할머니 많이 드세요."

한 개도 먹지 않고 내가 두 개 먹어 보았지만 역시 옛날 그 군밤 맛이 아니다.

올겨울에는 집에서 화롯불을 만들어 군밤, 군고구마를 한번 만들어 볼까하는 생각을 해본다.

건망증

아침에 교회를 가면서 오후에는 무얼 할까 하고 생각하다가 오랜만에 교보문고에 들러 책이나 골라 봐야지 마음먹었다. 이왕이면 만나고 싶은 친구를 불러야지 생각하고 전화를 하니 나오겠단다. 친구와 약속을 하고 조금 지나 동창생에게서 전화가 온다.

"너 오늘 나오는 거지?"

나는 그때야 생각이 났다. 매월 첫 주에 모이는 동창모임을 까맣게 잊고 다른 친구와 약속을 한 것이다. 나는 친구에게 곧 전화를 걸어 사정을 이야기하면서 미안하다는 사과의 전화를 했다. 언제부터인가 이런 일이 자주 생기곤 한다.

년 초에는 달력에다 식구들 생일이며 집안의 대소

사를 여기저기 표시해 놓는다. 그러나 그 달력을 매일 보는 것 아니고 잘 기억해야지 하고는 깜박 잊는 일이 다반사다. 중요한 물건이라고 잘 둔다고 넣어 놓고는 어디에다 둔 지를 몰라서 잃어버렸다고 온종일 집안을 뒤지고 찾아 헤매는 일도 있다. 메모를 잘 하여 어디에 두고 정작 필요할 때 기억이 안 나서 낭패를 보고는 화가 날 때도 있다.

이런 모든 이유를 나이 탓이라 생각하고 안주하기엔 좀 불안한 증상 같다.

요즘은 많은 것이 자동화되어 있고 기계화되어 편리한 환경에서 살고 있다.

무엇이든지 버튼 하나만 누르면 다 해결된다. 모든 가전제품도 자동화되어 있을 뿐만 아니라 리모컨 장치까지 되어 있어 앉거나 누워서 손가락 하나로 모든 것이 조절된다. 전화도 휴대전화 하나면 메모장에서부터 계산기, 알람 그리고 전화번호부는 단축장치가 되어 있어 숫자 한두 개만 누르면 되는 편리한 세상이다. 그러니 머리를 쓰는 일이 적어지고 알게 모르게 점차 바보가 되어 가고 있다. 하지만 기계는 고장이 나기도 한다는 점을 염두에 두고 대처를 해야만 하는 사건이 생겼다.

얼마 전 휴대전화기가 별안간 뜨근뜨근해져서 냉장고에다 식혔는데 먹통이 되었다. 새것으로 바꾸면서 내장된 문서며 전화번호를 재생하려 했지만 다 녹아서 지워졌다.

휴대전화기에는 전화번호며 메모장에는 '청소기 필터는 어디에' 이런 식으로 적었는데 하나도 기억되는 것은 없었다. 전화번호는 얼마간 오는 전화만 입력하면서 꼭 필요한 연락 때문에 애를 먹기도 했다. 지금까지도 메모장에 적어두었는데 하면서 찾는 물건이 있다. 하기야 몇 년 전에도 웃지 못할 일로 황당했던 적이 있었다.

며느리가 교직에 있어 휴직 복직을 반복하면서 손자를 딸, 딸, 아들 삼 남매를 두었다. 그래서 난 무엇이든지 사면 세 개를 사는 버릇이 생겼다

오빠와 나이 차이가 많은 딸이 시집가서 외손자를 보았지만 멀리 살고 있으니 항시 눈앞에 있는 손자들만 챙기곤 한다.

그때도 친구들과 제주도로 여행을 가야 하는데 손자들을 보살펴 달라고 딸을 집으로 불러 집을 맡기고 3박 4일 여행을 다녀왔다. 나는 손자들 선물을 사면서 달랑 세 개만 사서 가지고 오면서도 잘못되었다는 생각은 전혀 하지 않았다. 집에 와서야 외손자가 있음을 깨달았다. 딸을 보기도 미안하고 어찌해야 할지 몰라 너무 당황했다. 손자들에게 하나는 외손자 주라고 타일렀지만, 아이들이 말을 듣지 않았다.

결국, 외손자는 울고, 큰 손녀는 저희 아빠에게 꾸중 듣고 소란을 떨게 되었다.

큰 손녀가 나이를 더 먹은 이유로 동생에게 양보하고 서운해했다.

큰 손녀를 이런 말 저런 말로 달래며 겨우 마무리된 일이 있었다.

요사이는 인터넷을 하면서 늘 비밀번호 때문에 애를 태운다. 개인 정보 안전장치라며 자주 바꾸라 한다. 그런데 전화번호나 주민번호는 안 되고 숫자나 영문을 나열하여 자주 바꾸다 보니 인터넷 들어갈 때마다 헷갈리게 된다. 며칠 전에는 이것도 저것도 아무 번호도 되지 않아 비밀번호 찾기를 하는데 전화번호로 인증번호를 받아야 하기에 휴대폰 번호를 써야 했다.

갑자기 내 휴대폰 번호가 생각나지 않았다. 어찌난감하고 나 자신이 실망스러워 화가 나서 "이 바보야" 하고 소리치고 싶었다. 손녀에게 문의해서 해결하고 컴퓨터 옆에 수첩을 놓고 지낸다.

건망증은 점차 나이가 들면서 나빠질 뿐 좋아질 수는 없으므로 불치병으로 볼 수 있고 치매 시초라고도 한다. 이런 건망증이 있는 나의 뇌세포도 많이 위축되었을 것 같고 현대 의학으로 재생이 안 된다니 앞날이 염려스러웠다. 나는 병원을 찾을까 생각도

해보곤 했다. 우연히 친구 집에 갔는데 놀러 온 친구의 이웃 아줌마 아들이 신경정신과 의사다. 심각한 이야기를 했더니 지금 아들이 집에 왔다며 가자고 한다. 내 이야기를 다 듣고 의사는 진찰한다면서 물건 열 가지를 말한다.

주걱, 바늘, 삽, 등등 이런 식이었다. 그리고는 얼마 동안 이야기하더니 좀 전에 말한 열 가지를 말해보라고 했다. 나는 더듬거리면서 여덟 가지를 나열했다. 의사는 웃으면서 나이 드신 분들 공통점이 여러 가지 인지 능력이 떨어져 한 가지씩 하면 잘하는데 뭐든지 동시에 하면서 다른 한 가지를 하라면 인식하지 못하고 잊는다고 말했다. 나는 의사에게 고마웠다고 인사를 하고 집으로 오면서 진짜 치매로 이어지지 않기만을 간절하게 기도했다.